예수님과 함께 **비전공과**

[2학기 신약]

예수님과 함께 비전공과 영유치부
[2학기 신약] (어린이용 교재)

초판 1쇄 발행 | 2018. 5. 30
초판 1쇄 발행 | 2018. 5. 30
교재 기획 | 김선미
교재 집필위원 | 정신일 김선미 이지선 김선률
자문위원 | 천준호 정신일 김영수 김동진 표경운 송지헌 최만호
남선우 정풍군
펴낸 이 | 정신일
펴낸 곳 | 크리스천리더
편 집 | 이지선
교 정 | 성주희
일부 총판 | 생명의 말씀사 (02) 3159-7979
등 록 | 제 2-2727호(1999. 9.30)
주 소 | 부천시 원미구 중동 1289번지 팰리스카운티 아이파크상가 3층
전 화 | (032) 342-1979
팩 스 | (032) 343-3567
도서 출간 상담 | E-mail:chmbit@hanmail.net
Homepage | cjesus.co.kr

ISBN : 978-89-6594-251-1 04230
978-89-6594-228-3 (세트)

정가 : 3,500원

Leadership
& Partnership
테마1.
재미있는
성경이야기
1년 52주 테마별 어린이 공과
only Jesus
예수님과 함께
비전공과
재미있게 배워요~^^
2학기
신약
영·유치부
(~7세)
어린이용
CLS 크리스천리더

목 차

[2학기 신약과]

27과 우리의 구원자 예수님의 탄생

1. **성경본문** | 누가복음 1:26-2:20, 마태복음 1:18-2:11

2 **외울 말씀** |
아들을 낳으리니 이름을 예수라 하라 이는 그가 자기 백성을 그들의 죄에서 구원할 자이심이라 하니라 (마태복음 1장 21절)

3. **리더들의 외침** | 우리의 구원자로 이 땅에 오신 예수님!

4. **공과 주제** |
1. 천사가 예수님의 탄생을 전했어요.
2. 예수님은 성령으로 잉태되었어요.
3. 우리의 구원자 예수님은 우리와 늘 함께 하시는 임마누엘이에요.

1. 속닥속닥 "하나님, 있잖아요"

하나님, 있잖아요! --

----

2. 성경이야기 들려주세요

아래 장면을 성경 이야기 들은 내용의 순서에 맞게 번호를 매겨 봅시다.

3. 말씀 살피기

1. 오늘 말씀에서 아래에 제시된 사람들은 누구를 찾아갔었는지 알맞은 설명과 그림을 선으로 이어보세요.

동방에서부터 별을 따라 예루살렘으로 왔어요	마리아를 데리러 갔어요	엘리사벳을 찾아갔어요

2.예수님의 탄생을 함께 기뻐하면서 아래의 보기 중 2가지를 골라 그 기쁨을 직접 표현해보아요.

1. 찬양부르기
2. 예수님을 모르는 친구에게 예수님에 대해 알려주기
3. 맛있는 간식을 친구들과 나누어 먹으며 기뻐하기
4. 찬양에 맞춰 율동하기
5. 예수님께 감사의 편지쓰기
6. 가족들과 함께 감사의 예배 드리기

27. 꼼지락 꼼지락 [사랑하는 예수님 그려보고 색칠하기]

우리와 항상 함께하시는 임마누엘 예수님을 떠올리며 예쁘게 그리고 색칠해보세요.

28과 마귀의 시험을 이기신 예수님

1. **성경본문** | 누가복음 3:21-22, 4:1-13

2. **외울 말씀** |
예수께서 대답하여 이르시되 기록된 바 주 너의 하나님께 경배하고 다만 그를 섬기라 하였느니라 (누가복음 4장 8절)

3. **리더들의 외침** | 성령 충만함을 입음으로 승리하는 하나님의 자녀가 되자!

4. **공과 주제** |
1. 마귀 앞에서의 예수님의 모습을 본받아요.
2. 성령 충만함을 입어 승리하는 어린이가 되어요.

1. 속닥속닥 "하나님, 있잖아요"

하나님, 있잖아요! --

----

2. 성경이야기 들려주세요

아래 장면을 성경 이야기 들은 내용의 순서에 맞게 번호를 매겨 봅시다.

3. 말씀 살피기

1. 나에게 유혹이 찾아올 때, 나는 어떻게 유혹을 물리칠 수 있을까요? 함께 아래의 글자를 따라 써보면서 유혹을 물리쳐 보아요.

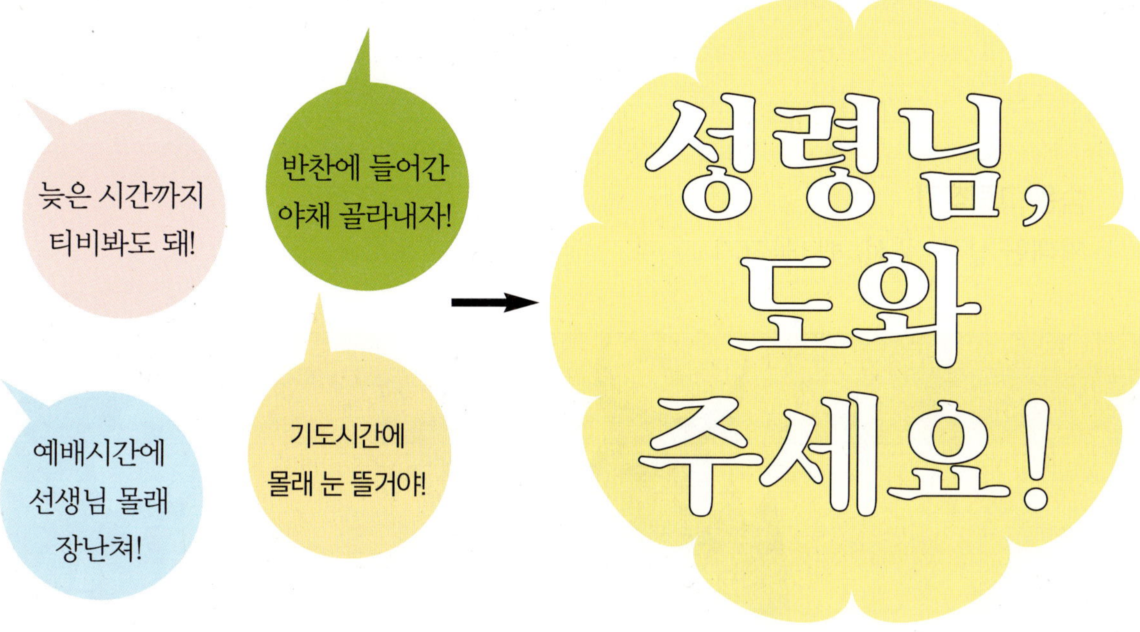

2. 성령 충만함을 입은 어린이가 되기 위한 '다짐'을 빈칸에 적고, 사다리를 타고 나오는 다짐을 한 주 동안 실천해보아요.

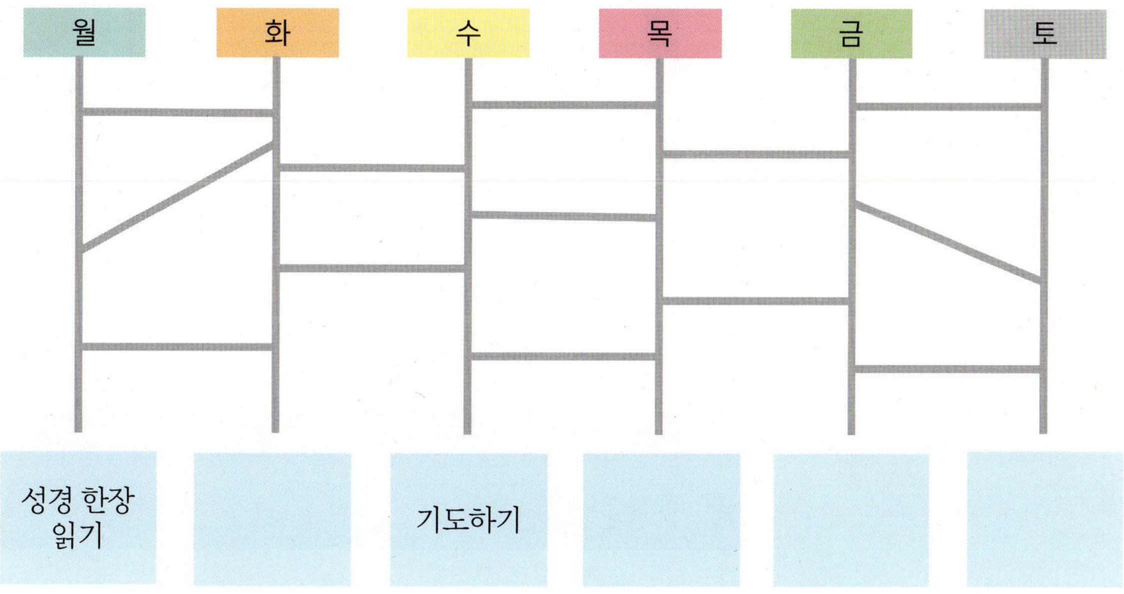

28. 꼼지락 꼼지락 [숨은그림찾기]

예수님은 마귀의 시험을 이기셨어요. 마귀의 시험을 이기신 예수님을 함께 찬양하며 아래의 그림에서 숨겨져있는 그림들을 찾아 동그라미를 쳐보세요.

숨은 그림찾기

거대한 신상, 풍선, 뱀, 물고기

29과 예수님께서 천국 복음을 전파하셨어요

1. **성경본문** | 마태복음 4:12-22

2. **외울 말씀** |
이 때부터 예수께서 비로소 전파하여 이르시되 회개하라 천국이 가까이 왔느니라 하시더라 (마태복음 4장 17절)

3. **리더들의 외침** | 하나님 나라를 전파하는 어린이가 되자!

4. **공과 주제** |
1. 어두움을 비춰는 빛이신 예수님을 알아가요.
2. 예수님과 동행한 제자들처럼 예수님을 따라요.
3. 복음을 전하는 하나님 나라의 어린이가 되어요!

1. 속닥속닥 "하나님, 있잖아요"

하나님, 있잖아요!

2. 성경이야기 들려주세요

아래 장면을 성경 이야기 들은 내용의 순서에 맞게 번호를 매겨 봅시다.

3. 말씀 살피기

1. 다음의 보기에서 오늘 배운 '빛'과 관련된 것들을 찾아 동그라미로 표시해보세요.

2. 아래의 그림 중에서 올바른 예수님의 제자의 모습에 색칠해보고
이번 한 주간 우리도 함께 실천해보아요.

29. 꼼지락 꼼지락

[틀린그림찾기]

아래의 두 그림에는 서로 다른 곳이 있네요. 친구들과 함께 재미있게 찾아봅시다.

30과 백부장의 믿음

1. **성경본문** | 누가복음 7:1-10

2. **외울 말씀** |
   보내었던 사람들이 집으로 돌아가 보매 종이 이미 나아 있었더라 (누가복음 7장 10절)

3. **리더들의 외침** | 믿음의 사람이 되자!

4. **공과 주제** |
   1. 예수님께서 백부장의 종을 낫게 해주셨어요.
   2. 백부장의 믿음을 본받아요.
   3. 무엇이든 예수님께 도움을 구하는 믿음의 어린이가 되어요.

1. 속닥속닥 "하나님, 있잖아요"

하나님, 있잖아요! --

----

2. 성경이야기 들려주세요

아래 장면을 성경 이야기 들은 내용의 순서에 맞게 번호를 매겨 봅시다.

3. 말씀 살피기

1. 백부장의 사랑하는 종이 나을 수 있었던 이유는 무엇이었을까요?
   아래의 글씨를 따라 써본 후에 함께 읽어보아요.

2. 보일락 말락 하얀 상자 뒤에 숨겨진 글자가 무엇인지 맞혀보고 친구들과 함께 큰소리로 외쳐보아요.

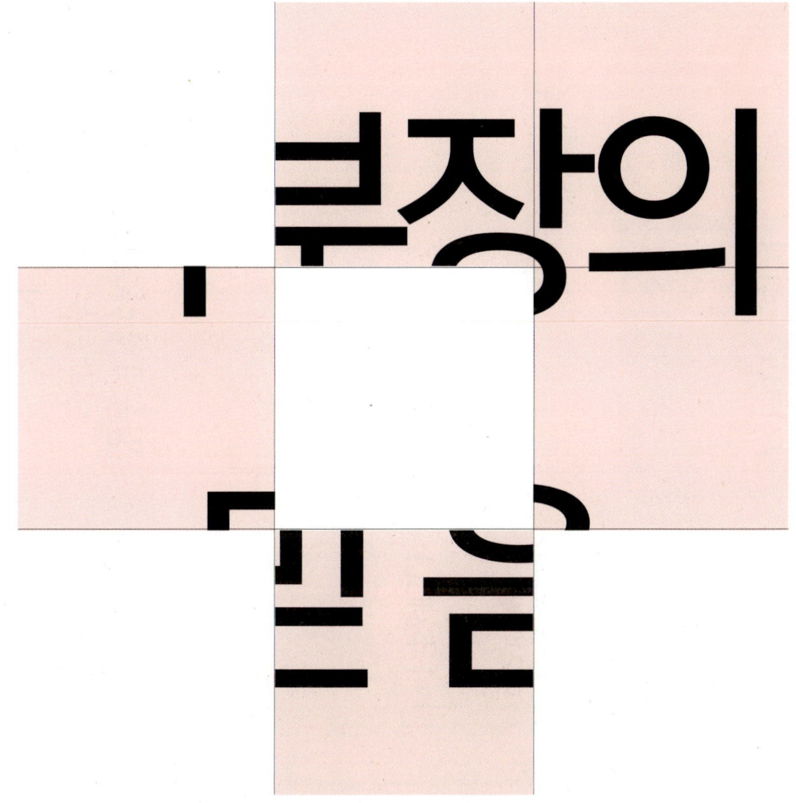

30. 꼼지락 꼼지락

[재미있는 믿음마블]

친구들과 함께 재미있는 믿음게임을 해보아요. 출발! 칸에서 출발하여 순서대로 주사위를 던져 주사위에 나온 숫자대로 칸을 움직이고 칸에 적힌 미션을 수행하는 게임입니다.

- 출발!
- 하나님께 감사기도 드리기
- 꽝!
- 친구들에게 사랑한다고 말하기
- 성경책으로 오늘의 외울말씀 찾기
- 꽝!
- 뒤로 1칸 가기
- 눈 감은채 친구의 손 잡고 성전 한 바퀴 돌기
- 앞으로 1칸 가기
- 믿음이 좋다고 생각하는 친구 찾기
- 성경 속 믿음의 사람 이름 외치기
- 도착! ♥ 서로 안아주세요!

31과 예수님께서 제자들을 파송하셨어요

1. **성경본문** | 마가복음 3:13-19, 6:7-13

2. **외울 말씀** |
   제자들이 나가서 회개하라 전파하고 많은 귀신을 쫓아내며 많은 병자에게 기름을 발라 고치더라 (마가복음 6장 12-13절)

3. **리더들의 외침** | 예수님께서 주시는 권능을 받아 예수님의 참 제자가 되자!

4. **공과 주제** |
   1. 제자들이 예수님의 이름을 전파하고 그 이름으로 능력을 나타내었어요
   2. 제자들처럼 예수님께서 주시는 권능을 받아 예수님의 참 제자가 되어요!

1. 속닥속닥 "하나님, 있잖아요"

하나님, 있잖아요! --

----

2. 성경이야기 들려주세요

아래 장면을 성경 이야기 들은 내용의 순서에 맞게 번호를 매겨 봅시다.

3. 말씀 살피기

1. 오늘 말씀에서 예수님이 제자들에게 복음을 전할 때 가지고 가라고 하신 것은 무엇인지 동그라미를 쳐보세요.

2. 우리들은 예수님의 작은 제자예요.
아래의 찬양을 율동과 함께 불러보면서 다짐하는 시간을 가져보아요.

작은 제자

출처: 파이디온 어린이 CCM(All Star)

우리들은 예수님 작은 제자 예수님을 본받아서
하나님과 모든 사람 앞에 품위있고 우아하게
작은 입술 열 때마다 주의 향기 뿜어내고
작은 걸음 뗄 때마다 주의 모습 보여주리

31. 꼼지락 꼼지락 [선서합니다!]

예수님의 제자들처럼 우리도 예수님을 전하는 예수님의 사도가 되어요.
어린이 사도 임명장에 이름을 적고 친구들과 함께 선서해보아요.

어린이 사도 임명장

이름 :

위 어린이는 예수님을 모르는 사람들에게
용기있게 복음을 전하는 사도로 임명되었습니다.
이에 임명장을 수여합니다.

년 월 일

교회 부

32과 예수님과 삭개오의 만남

1. 성경본문 | 누가복음 19:1-10

2. 외울 말씀 |

인자가 온 것은 잃어버린 자를 찾아 구원하려 함이니라 (누가복음 19장 10절)

3. 리더들의 외침 | 삭개오처럼 예수님을 만나 변화되는 삶을 살아요!

4. 공과 주제 |

1. 삭개오는 예수님을 보기 원했어요.
2. 예수님이 삭개오를 만나주셨어요.
3. 삭개오는 예수님을 만난 후 변화되었어요.
4. 삭개오를 본받아 예수님 만나기를 기대하고 변화되어요!

1. 속닥속닥 "하나님, 있잖아요"

하나님, 있잖아요! --

----

2. 성경이야기 들려주세요

아래 장면을 성경 이야기 들은 내용의 순서에 맞게 번호를 매겨 봅시다.

32. 꼼지락 꼼지락 [어떤 상황속에서도 예수님과 꼭 붙어있기]

준비물: 라벨지, 가위, 풀

1. 점선을 따라 그림을 가위로 오립니다.
2. 오린 그림을 라벨지의 앞면에 풀로 붙여줍니다.
3. 붙인 그림을 오려서 뒷면 필름을 떼어내고 붙이고 싶은 곳에 붙입니다.

3. 말씀 살피기

1. 삭개오가 예수님을 만나기 위해
   무사히 나무를 내려갈 수 있도록 도와주세요.

2. 예수님을 향한 삭개오의 마음은 어떤 마음일까요? 아래의 상자에서
   알맞은 것을 찾아 색칠해보고 어떤 그림이 나타나는지 살펴보아요.

미워요	기뻐요	사랑해요	미워요	고마워요	찬양해요	싫어요
좋아요	나빠요	미워요	감사해요	싸워요	슬퍼요	사랑해요
고마워요	화나요	싫어요	짜증나요	화나요	미워요	행복해요
찬양해요	미워요	메롱	나빠요	미워요	싫어요	좋아요
화나요	감사해요	화나요	싫어요	싸워요	기뻐요	나빠요
싸워요	나빠요	기뻐요	힘들어요	좋아요	싸워요	화나요
질투해요	욕해요	미워요	행복해요	짜증나요	메롱	싫어요

33과 예수님의 능력

1. **성경본문** | 마가복음 7:31-37

2. **외울 말씀** |
그의 귀가 열리고 혀가 맺힌 것이 곧 풀려 말이 분명하여졌더라 (마가복음 7장 35절)

3. **리더들의 외침** | 에바다! 에바다! 에바다!

4. **공과 주제** |
   1. 귀가 안 들리고 말 더듬는 자가 예수님께 나아왔어요.
   2. 예수님의 능력으로 고침을 받았어요.
   3. '에바다'는 '열리라'는 뜻이에요.

1. 속닥속닥 "하나님, 있잖아요"

하나님, 있잖아요! --

----

2. 성경이야기 들려주세요

아래 장면을 성경 이야기 들은 내용의 순서에 맞게 번호를 매겨 봅시다.

3. 말씀 살피기

1. 다음의 그림을 보고 예수님께서 귀 먹고 말 더듬는 자에게 외치신 말은 무엇이었는지 아래의 그림에서 찾아 동그라미를 쳐보세요.

2. 나에게 무서운 일이 생겼을 때, 누구에게 도움을 요청할 건가요? 아래의 보기에서 골라서 선을 그어보세요.

33. 꼼지락 꼼지락 [순서정하기]

두렵고 무서운 일이 있을 때, 우리는 가장 먼저 누구에게 털어 놓아야 할까요?
아래의 그림을 보며 순서를 정해보세요.
순서를 정한 이후, 왜 그렇게 순서를 정했는지 친구들에게 이야기 해봅시다.
순서는 다를 수 있지만, 어렵고 힘든 부분은 내곁에 있는 좋은 분과 의논해야 해요.

34과 바다가 잔잔해졌어요

1. **성경본문** | 마태복음 8:23-27
2. **외울 말씀** | 예수께서 이르시되 어찌하여 무서워하느냐 믿음이 작은 자들아 하시고 곧 일어나사 바람과 바다를 꾸짖으시니 아주 잔잔하게 되거늘 (마태복음 8장 26절)
3. **리더들의 외침** | 우리의 구원자 예수님이 우리를 지켜주신다.
4. **공과 주제** |
   1. 바람과 바다도 순종하게 만드시는 예수님
   2. 예수님 말씀의 놀라운 능력

1. 속닥속닥 "하나님, 있잖아요"

하나님, 있잖아요!

2. 성경이야기 들려주세요

아래 장면을 성경 이야기 들은 내용의 순서에 맞게 번호를 매겨 봅시다.

3. 말씀 살피기

1. 다음의 그림을 보고, 말씀의 내용을 틀리게 설명한 친구는 누구인지 맞혀보세요.

① 믿음: 마태복음 8장 23-27절 말씀의 그림이에요.
② 체리: 파도가 너무 거칠어서 예수님과 제자들이 타고 있던 배가 뒤집혔어요.
③ 수지: 제자들은 주무시는 예수님께 도움을 구했어요.
④ 연지: 예수님의 말씀에는 놀라운 능력이 있어요.

2. 우리의 부정적인 말을 어떻게 믿음의 말로 바꿀 수 있을까요?
아래의 칸에 부정적인 말을 믿음의 말로 바꿔보세요.

34. 꼼지락 꼼지락 [예수님과 함께하면 할 수 있어요]

예수님은 바람과 바다도 순종하게 하시는 분이에요.
그래서 우리는 예수님과 함께하면 어떤 어려움도 이겨낼 수 있지요.
부서진 배가 육지에 무사히 도착할 수 있도록 예수님이 적힌 조각을 오려 붙여보아요.

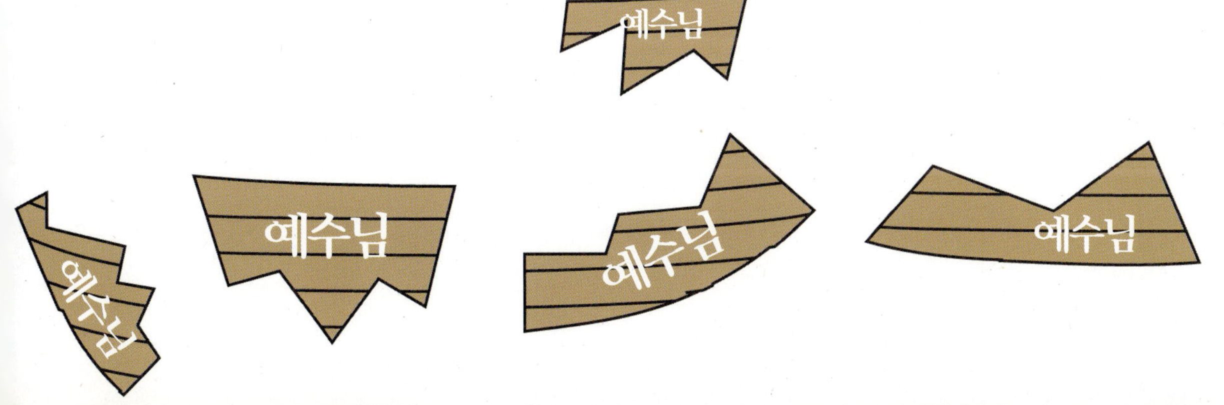

35과 오병이어의 기적

1. **성경본문** | 누가복음 9:12-17

2. **외울 말씀** |

   예수께서 떡 다섯 개와 물고기 두 마리를 가지사 하늘을 우러러 축사하시고 떼어 제자들에게 주어 무리 앞에 놓게 하시니 먹고 다 배불렀더라 그 남은 조각 열 두 바구니를 거두니라 (누가복음 9장 16-17절)

3. **리더들의 외침** | 예수님의 능력을 믿는 믿음의 어린이가 되자!

4. **공과 주제** |

   1. 떡 다섯 개와 물고기 두 마리의 기적
   2. 불가능을 가능으로 바꾸실 예수님을 신뢰해요.

1. 속닥속닥 "하나님, 있잖아요"

하나님, 있잖아요! --

----

2. 성경이야기 들려주세요

아래 장면을 성경 이야기 들은 내용의 순서에 맞게 번호를 매겨 봅시다.

3. 말씀 살피기

1. 아래의 보기상자에서 오늘 말씀과 관련 있는 단어를 찾아보세요.

<보기>

밥 불고기 사람들 바가지

물고기 도시락 하나님 음료수 동물들

예수님 과일 바구니 포도주 떡

2. 나에게 일어났으면 하는 기적은 무엇인가요?
아래에 적어보고 함께 믿음으로 기도해보아요.

나에게 일어났으면 하는 기적은?

35. 꼼지락 꼼지락 [믿음으로 드려요]

예수님은 누군가가 드린 떡 다섯 개와 물고기 두 마리로 오천 명이 넘는 사람들을 먹이셨어요. 그렇다면 하나님의 나라를 위해 오늘 내가 믿음으로 예수님께 드리고 싶은 것은 무엇이 있는지 골라보고 바구니에 붙여보세요.

36과 구원

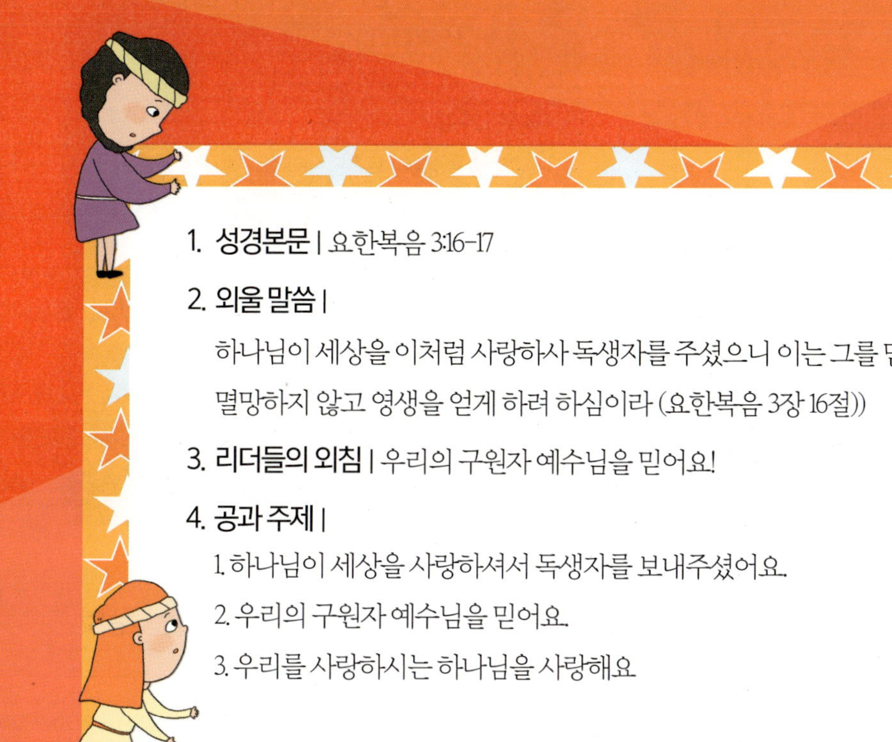

1. **성경본문** | 요한복음 3:16-17
2. **외울 말씀** |
   하나님이 세상을 이처럼 사랑하사 독생자를 주셨으니 이는 그를 믿는 자마다 멸망하지 않고 영생을 얻게 하려 하심이라 (요한복음 3장 16절))
3. **리더들의 외침** | 우리의 구원자 예수님을 믿어요!
4. **공과 주제** |
   1. 하나님이 세상을 사랑하셔서 독생자를 보내주셨어요.
   2. 우리의 구원자 예수님을 믿어요.
   3. 우리를 사랑하시는 하나님을 사랑해요.

1. 속닥속닥 "하나님, 있잖아요"

하나님, 있잖아요! --

----

2. 성경이야기 들려주세요

아래 장면을 성경 이야기 들은 내용의 순서에 맞게 번호를 매겨 봅시다.

3. 말씀 살피기

1. 다음의 가로세로 퍼즐을 풀어보세요.

		1)		
		2)		
1)	2)			
			3)	
		3)		

<가로>

1) 이 세상을 구원하기 위해 이 땅에 오신 분은 누구인가요?
2) 예수님께서 태어나신, 예수님의 고향은 어디인가요?
3) 학생들을 가르치는 사람

<세로>

1) 우리를 사랑하셔서 독생자를 이 세상에 보내신 분은 누구인가요?
2) 주로 여름에 먹는 과일
3) 예수님을 믿음으로 얻게 되는 것은?

2. 우리는 예수님을 통해 구원받을 수 있게 되었어요. ___ 안에 들어갈 단어는 무엇인지 아래의 상자에서 찾아 동그라미 쳐보세요.

예수님께서 우리 죄를 대신하여 _____당하심으로 죄가 사해졌습니다.
이제는 누구든지 예수님을 믿으면 _____을 받을 수 있습니다.

36. 꼼지락 꼼지락 [구원의 십자가 완성하기]

천국에 갈 수 있는 유일한 방법은 예수님의 십자가에요. 아래의 십자가 빈칸에 감사의 마음을 표현해보고 색칠하여 십자가를 완성해보아요.

37과 당신의 이웃은 누구입니까?

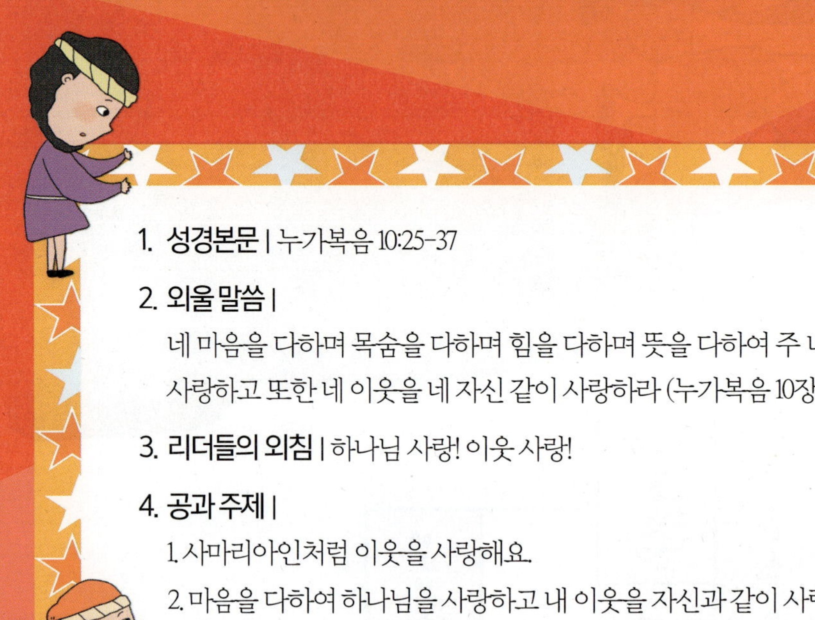

1. **성경본문** | 누가복음 10:25-37
2. **외울 말씀** |
   네 마음을 다하며 목숨을 다하며 힘을 다하며 뜻을 다하여 주 너의 하나님을 사랑하고 또한 네 이웃을 네 자신 같이 사랑하라 (누가복음 10장 27절)
3. **리더들의 외침** | 하나님 사랑! 이웃 사랑!
4. **공과 주제** |
   1. 사마리아인처럼 이웃을 사랑해요.
   2. 마음을 다하여 하나님을 사랑하고 내 이웃을 자신과 같이 사랑해요.

1. 속닥속닥 "하나님, 있잖아요"

하나님, 있잖아요! --

----

2. 성경이야기 들려주세요

아래 장면을 성경 이야기 들은 내용의 순서에 맞게 번호를 매겨 봅시다.

3. 말씀 살피기

1. 사마리아인은 강도만난 사람을 도와주었습니다. 어떻게 도와주었는지 보기에서 알맞은 것을 골라보세요.

[보기]

1. 상처에 부었다 2. 짐승에 태워 주막으로 데리고 갔다
3. 주막 주인에게 두 데나리온을 주면서 강도만난 사람을 부탁했다
4. 몰래 도망갔다 5. 놀라서 소리를 질렀다 6. 의사선생님을 데리고 왔다

기름과 포도주	
짐승	
두 데나리온	

2. 친구와 놀러가는 길에 도움이 필요한 사람들이 보이네요. 함께 색칠하면서 도움이 필요한 사람들을 도와주세요.

37. 꼼지락 꼼지락 [하트채우기]

예수님께서는 선한 사마리아인 비유를 통해 이웃을 사랑하라고 말씀하셨어요.
밑줄 친 단어에 해당하는 숫자를 순서대로 오려 붙여 하트를 완성해보세요.

"마음을 다하여 하나님을 사랑하고 내 이웃을 나 자신과 같이 사랑해요."

⑤ ④ ⑥ ⑦ ⑨ ①

38과 가난한 과부의 두 렙돈

1. **성경본문** | 마가복음 12:41-44

2. **외울 말씀** |
그들은 다 그 풍족한 중에서 넣었거니와 이 과부는 그 가난한 중에서 자기의 모든 소유 곧 생활비 전부를 넣었느니라 하시니라 (마가복음 12장 44절)

3. **리더들의 외침** | 마음을 보시는 예수님!

4. **공과 주제** |
1. 예수님의 계산법은 달라요.
2. 우리의 마음을 보시는 예수님
3. 정성을 드리는 어린이가 되어요.

1. 속닥속닥 "하나님, 있잖아요"

하나님, 있잖아요! --

----

2. 성경이야기 들려주세요

아래 장면을 성경 이야기 들은 내용의 순서에 맞게 번호를 매겨 봅시다.

3. 말씀 살피기

1. 예수님께서 가난한 과부의 헌금이 부자들의 헌금보다 많다고 하신 이유는 무엇인가요? 성경구절을 찾아 빈칸을 채워보세요.

실제 렙돈

그들은 다 그 (   ) 중에서 넣었거니와 이 과부는 그 가난한 중에서 자기의 (   ) 곧 생활비 (   )를 넣었느니라 하시니라 (44절)

2. 하나님께 헌금을 드릴 때 어떤 마음으로 드리고 싶은지 아래 그림에 적어보고 실천해보아요.

38. 꼼지락 꼼지락 [우리의 마음을 드려요!]

세상 사람들과 달리 예수님은 우리의 마음을 보세요.
내 마음을 예수님이 기뻐하실 것들로 가득 채워봅시다.
아래 그림의 점선을 따라 단어를 적어보아요.

39과 예루살렘에 입성하시는 왕 예수님

1. **성경본문** | 누가복음 19:28-40

2. **외울 말씀** |
   찬송하리로다 주의 이름으로 오시는 왕이여 하늘에는 평화요 가장 높은 곳에는 영광이로다 하니 (누가복음 19장 38절)

3. **리더들의 외침** | 하늘에는 평화, 가장 높은 곳에는 영광!

4. **공과 주제** |
   1. 예수님께서 예루살렘에 입성하셨다.
   2. 주의 이름으로 오시는 우리의 왕 예수님

1. 속닥속닥 "하나님, 있잖아요"

하나님, 있잖아요! --

----

2. 성경이야기 들려주세요

아래 장면을 성경 이야기 들은 내용의 순서에 맞게 번호를 매겨 봅시다.

3. 말씀 살피기

1. 예수님께서 예루살렘에 들어오실 때 어떤 일이 일어났나요?
일어난 일에는 ○, 일어나지 않은 일에는 X를 표시해보세요.

1) 온 무리가 "찬송하리로다 주의 이름으로 오시는 왕이여"라고 외쳤다. (   )

2) 예수님께서는 제자들이 데리고 온 말을 타고 예루살렘에 들어오셨다. (   )

3) 예수님께서 바리새인들의 말을 듣고 돌들에게 소리를 지르라고 말씀하셨다. (   )

4) "하늘에는 평화, 가장 높은 곳에는 영광"이라고 외치는 사람들이 있었다. (   )

2. 하나님은 찬양받기에 합당하신 분이세요.
아래의 그림 중 하나님을 찬양하고 있는 어린이 3명을 찾아보세요.

39. 꼼지락 꼼지락 [이상한 곳 찾아보고 그림 색칠하기]

예수님이 감람산 내리막 길에 오셨을 때, 많은 사람들이 기뻐하며 예수님을 맞이했어요.
그런데 아래의 사진 속에 무언가 이상한 점이 있네요.
이상한 곳을 찾아보고 그림을 예쁘게 색칠해보아요.

40과 내게 있는 향유 옥합

1. **성경본문** | 마가복음 14:1-9

2. **외울 말씀** | 내가 진실로 너희에게 이르노니 온 천하에 어디서든지 복음이 전파되는 곳에는 이 여자가 행한 일도 말하여 그를 기억하리라 하시니라 (마가복음 14장 9절)

3. **리더들의 외침** | 복음이 전파되는 곳마다 기억되는 어린이가 되자!

4. **공과 주제** |

   1. 옥합을 깨뜨리고 예수님의 머리에 향유를 부은 여인
   2. 온 세상에 복음이 전파되는 곳마다 기억되는 사람이 되어요.

1. 속닥속닥 "하나님, 있잖아요"

하나님, 있잖아요! --

----

2. 성경이야기 들려주세요

아래 장면을 성경 이야기 들은 내용의 순서에 맞게 번호를 매겨 봅시다.

3. 말씀 살피기

1. 아래의 그림은 여인이 예수님께 향유를 붓는 그림입니다.
   숨은 그림을 찾아 동그라미를 쳐보세요.

2. 예수님을 사랑하는 마음을 직접 표현해봅시다. 아래의 상자에서 단어를 골라 문장을 만들고 예수님께 고백해보아요.

예수님　감사해요　좋아요　기뻐요　꼭　더욱　고맙습니다

사랑해요　저는요　있잖아요　정말　닮아갈래요　보고싶어요

주님　기억해주세요　그리워요　즐거워요

....

....

40. 꼼지락 꼼지락 [사랑의 하트 접기]

준비물: 색종이

예수님을 위해 향유옥합을 깨뜨린 여인처럼 우리도 예수님을 향한 사랑의 마음을 표현해보아요. 아래의 종이접기를 따라하여 완성한 후, 다함께 예수님께 사랑의 고백을 외쳐봅시다.

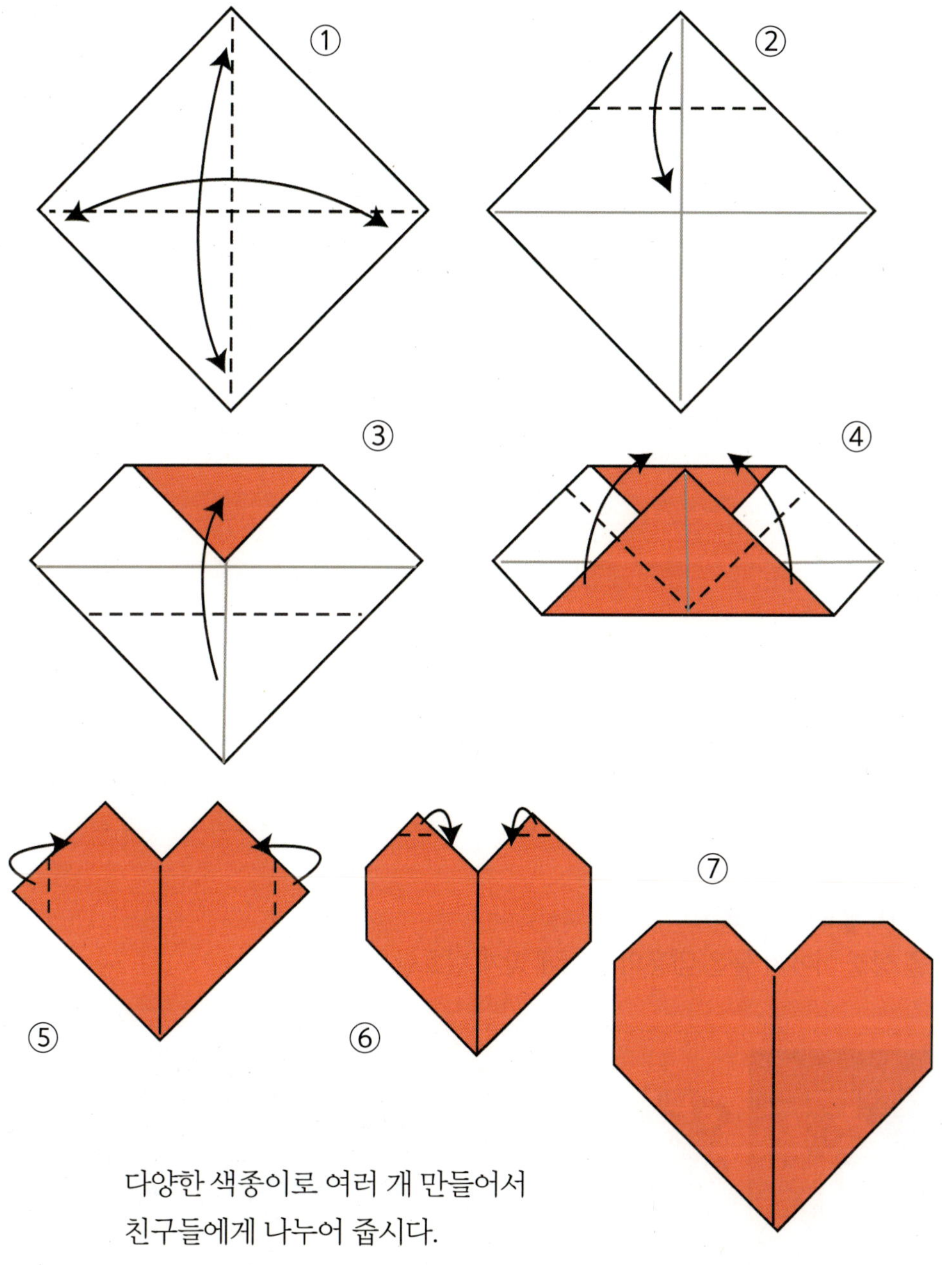

다양한 색종이로 여러 개 만들어서
친구들에게 나누어 줍시다.

41과 제자들의 배반

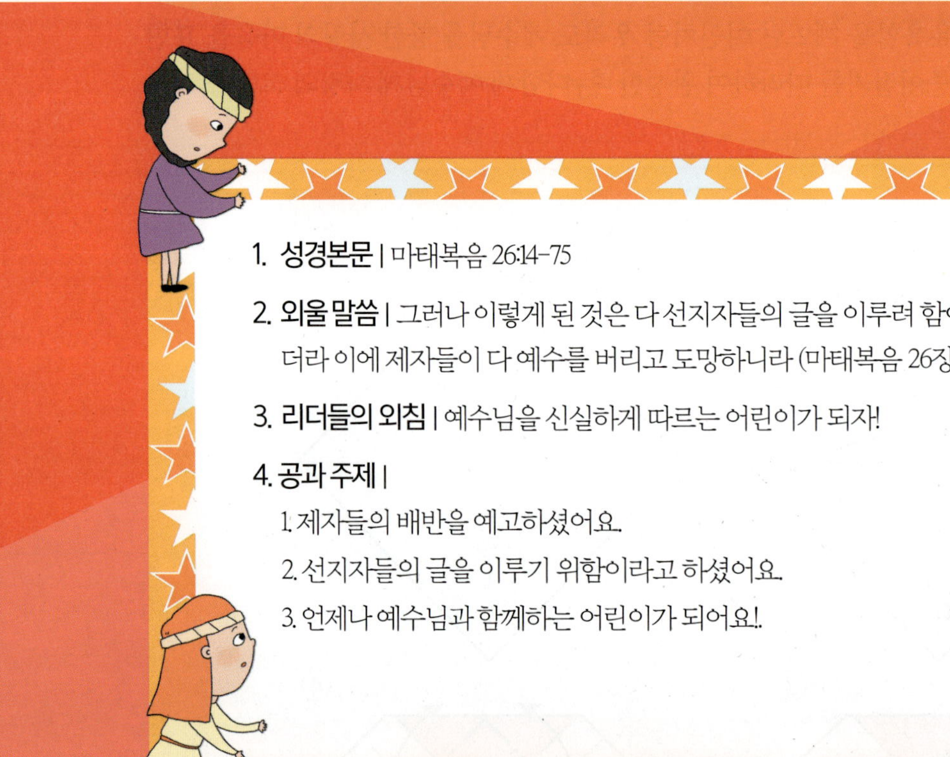

1. **성경본문** | 마태복음 26:14-75

2. **외울 말씀** | 그러나 이렇게 된 것은 다 선지자들의 글을 이루려 함이니라 하시더라 이에 제자들이 다 예수를 버리고 도망하니라 (마태복음 26장 56절)

3. **리더들의 외침** | 예수님을 신실하게 따르는 어린이가 되자!

4. **공과 주제** |
   1. 제자들의 배반을 예고하셨어요.
   2. 선지자들의 글을 이루기 위함이라고 하셨어요.
   3. 언제나 예수님과 함께하는 어린이가 되어요!.

1. 속닥속닥 "하나님, 있잖아요"

하나님, 있잖아요! --

----

2. 성경이야기 들려주세요

아래 장면을 성경 이야기 들은 내용의 순서에 맞게 번호를 매겨 봅시다.

3. 말씀 살피기

1. 예수님은 판 사람은 누구이고 얼마에 팔리셨나요? 알맞은 답을 골라보세요.

1) 베드로, 금 30　　2) 야고보, 금 20

3) 가룟유다, 은 30　　4) 마태, 은 20

2. 그림에는 오늘 본문의 외울말씀이 숨겨져 있습니다.
오늘의 본문말씀을 찾아 아래의 칸에 적어보아요.

---

41. 꼼지락 꼼지락 [예수님을 만나는 시간을 가져요]

우리의 하루 중에 예수님을 만나는 시간을 정해보고 그 시간에는 무엇을 할 것인지 생각해보고 아래의 빈칸에 적어보아요. (예: 성경말씀을 읽거나 찬송을 부르고 기도해요)

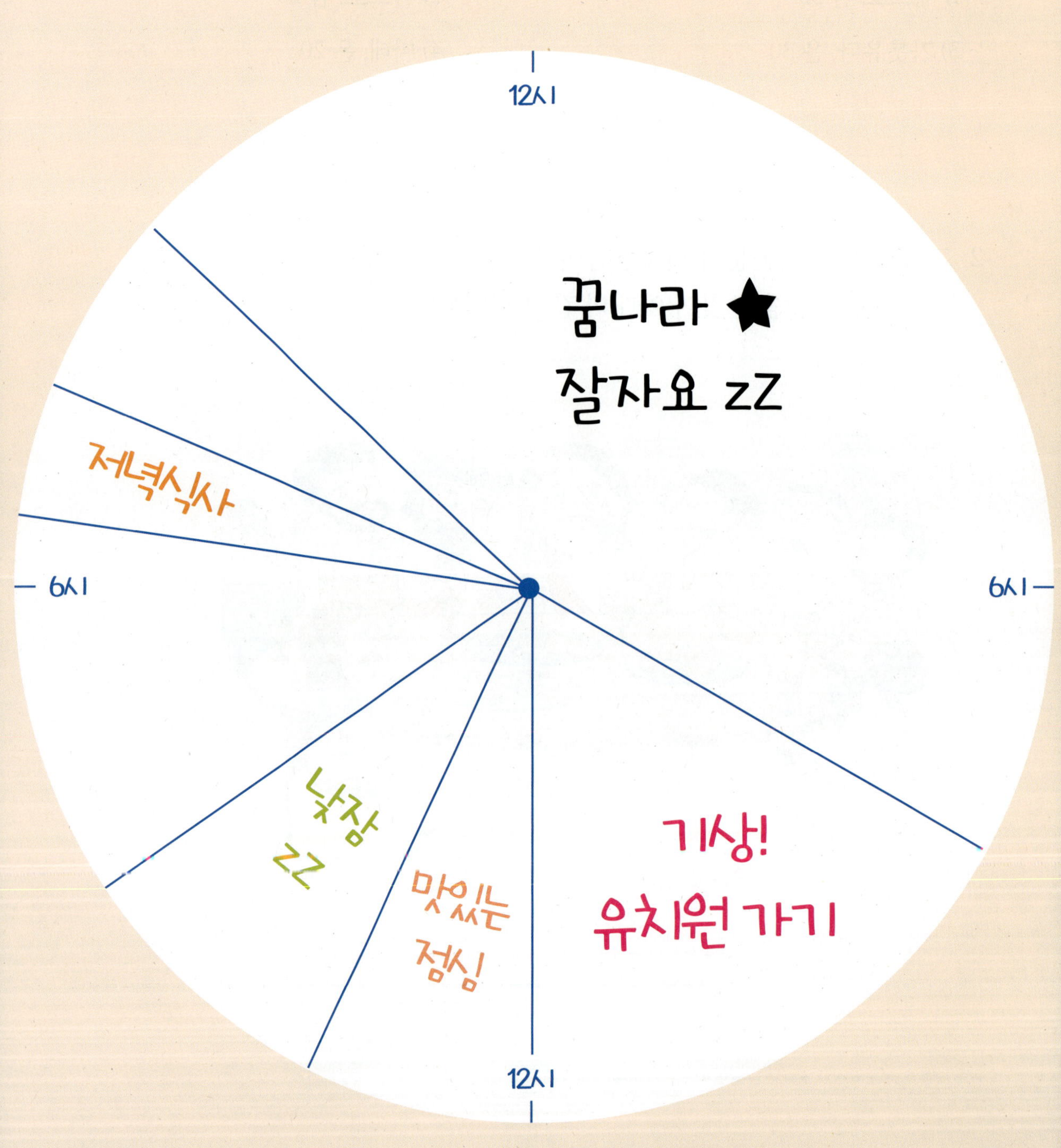

42과 십자가를 지신 예수님

1. **성경본문** | 마가복음 15:1-39

2. **외울 말씀** | 예수를 향하여 섰던 백부장이 그렇게 숨지심을 보고 이르되 이 사람은 진실로 하나님의 아들이었도다 하더라 (마가복음 15장 39절)

3. **리더들의 외침** | 십자가의 예수님을 기억하며 감사하자!

4. **공과 주제** |
   1. 예수님은 온갖 조롱과 멸시를 견디시고 십자가를 지셨어요.
   2. 아무런 죄가 없으신 예수님은 우리를 위해 십자가에서 희생하셨어요.
   3. 예수님은 하나님의 아들이에요!

1. 속닥속닥 "하나님, 있잖아요"

하나님, 있잖아요! --

----

2. 성경이야기 들려주세요

아래 장면을 성경 이야기 들은 내용의 순서에 맞게 번호를 매겨 봅시다.

3. 말씀 살피기

1. 예수님께서 십자가에 못 박혀 돌아가시기는 것을 모두 지켜보았던 백부장은 어떻게 고백했나요? 아래의 제시된 단어 중 옳은 것을 선택하여 문장을 완성해보세요.

이 (아들은 / 사람은) 진실로 (하나님 / 예수님)의 (사람 / 아들)이었도다.

2. 아래 상자에서 오늘 말씀과 관련있는 단어 3가지를 찾아보세요.

십재가 십장가 십자자 십지기 심자가 십자기 싱지기 싱자가 십가가
십자자 십고가 십가가 신자가 십자기 싱지기 싱자가 십지가 십가가
십자자 십고가 십가가 십자가 싱지기 싱지기 십지기 심자가 십자기
간사 김시 간자 감자 김시 감시 간사 감지 긴자 김시 감사 김시 간상
간사 김시 간자 감자 김시 감시 간사 김시 간사 김시 간자 감자 김시
시러 시링 시랑 산랑 살랑 신린 사란 사람 시링 사람 사란 산란 신린
살랑 신린 사란 사람 시링 사란 산란 신린 시란 사랑 사람 산랑 시러

42. 꼼지락 꼼지락 [내 안에 죄 떨어뜨리기 게임]

우리 몸에 붙여진 '죄'라는 종이를 떨어뜨리는 게임이에요. 친구들과 신나는 게임을 하며 우리 안에 있는 죄를 회개하고 예수님을 더욱 사랑하는 우리가 되어요.
또한 게임을 마치고 난 후, 아래에 앞으로 어떻게 행동할지 예수님과 약속해요.

[게임방법]

준비물: 포스트잇 종이, 펜 / 게임시간: 1분

1. 포스트잇이라는 종이에 우리가 지었던 죄를 적어요.
   (예: 친구와 싸운 것, 거짓말 한 것, 부모님 말씀을 듣지 않은 것 등)
2. 우리의 죄가 적힌 종이를 우리의 얼굴과 손, 몸에 붙여요
3. 정해진 시간(1분)동안 손을 사용하지 않고 몸에서 종이를 떨어뜨려요
4. 정해진 시간 안에 가장 많은 종이를 떨어뜨린 친구가 승리!

앞으로는 이렇게 하겠습니다!

....

....

....

예수님 약속해요!

43과 부활의 예수님

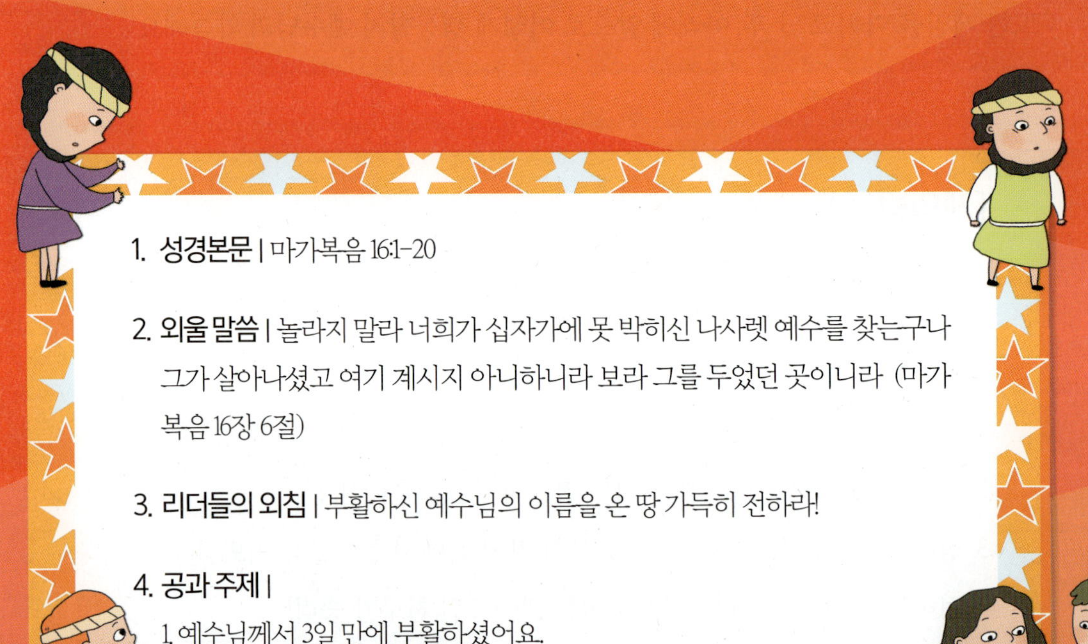

1. **성경본문** | 마가복음 16:1-20

2. **외울 말씀** | 놀라지 말라 너희가 십자가에 못 박히신 나사렛 예수를 찾는구나 그가 살아나셨고 여기 계시지 아니하니라 보라 그를 두었던 곳이니라 (마가복음 16장 6절)

3. **리더들의 외침** | 부활하신 예수님의 이름을 온 땅 가득히 전하라!

4. **공과 주제** |
   1. 예수님께서 3일 만에 부활하셨어요.
   2. 예수님으로 인해 새 생명을 얻고 구원받은 하나님의 자녀로 살아가요.

1. 속닥속닥 "하나님, 있잖아요"

하나님, 있잖아요! --

----

2. 성경이야기 들려주세요

아래 장면을 성경 이야기 들은 내용의 순서에 맞게 번호를 매겨 봅시다.

3. 말씀 살피기

1. 아래의 암호를 풀어 성경말씀을 찾아보고 함께 큰소리로 읽어보아요.

1 마	2 태	3 한	4 7절	5 16절
6 15절	7 극	8 미	9 가	10 1장
11 5장	12 18절	13 해	14 누	15 16장
16 녹	17 새	18 복	19 구	20 5장
21 음	22 17절	23 2장	24 두	25 6절

암호 힌트								
1	9	18	21	15	6	5	22	12

정답	

2. 아래 그림에는 글자가 숨겨져 있어요.
오늘 말씀의 주제를 기억하며 숨겨진 글자를 찾아 색칠해 보아요.

43. 꼼지락 꼼지락 [예수님의 부활로 인해 새 생명을 얻은 우리 모습 점검하기]

새 생명 얻고 구원받은 우리가 예수님 안에서 살아가기로 다짐하며
그렇게 하기 위해 행해야 할 것들을 바구니 안에 있는 구슬에 적고,
버려야 할 것들은 바구니 밖에 있는 구슬에 적어보세요.
그리고 버려야 할 것들에 엑스표를 치고 자루에 있는 결심대로 행동할 것을 다짐하며 실천합시다.

44과 하늘로 오르셨어요

1. **성경본문** | 사도행전 1:1-11

2. **외울 말씀** | 이르되 갈릴리 사람들아 어찌하여 서서 하늘을 쳐다보느냐 너희 가운데서 하늘로 올려지신 이 예수는 하늘로 가심을 본 그대로 오시리라 하였느니라 (사도행전 1장 11절)

3. **리더들의 외침** | 하늘로 올라가신 예수님을 기다려요!

4. **공과 주제** |

   1. 예수님께서는 하늘로 올리신 그 모습 그대로 다시 오실 거예요.
   2. 예수님이 당부하신 명령을 따라 복음을 전하는 어린이가 되어요.

1. 속닥속닥 "하나님, 있잖아요"

하나님, 있잖아요! --

----

2. 성경이야기 들려주세요

아래 장면을 성경 이야기 들은 내용의 순서에 맞게 번호를 매겨 봅시다.

3. 말씀 살피기

1. 예수님은 하늘로 올라가신 그 모습 그대로 다시 오신다고 말씀하셨어요. 다시 오실 예수님을 기대하면서 오늘 말씀과 관련있는 단어를 찾아 동그라미를 쳐보세요.

2. 아래에 나열된 말씀을 예수님께서 하늘로 올라가시기 전, 제자들에게 하신 말씀의 순서에 맞게 순서대로 이어보세요.

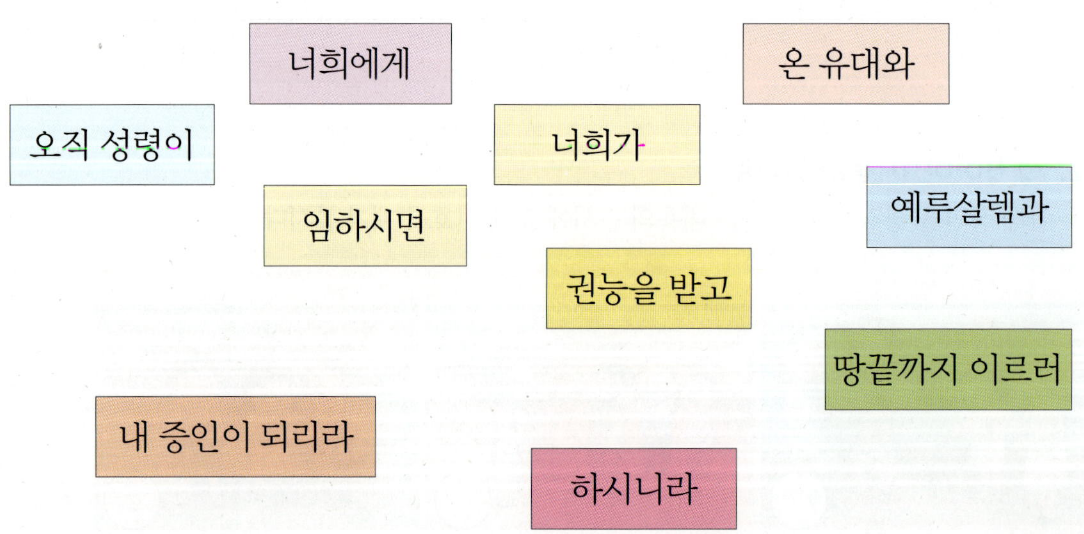

44. 꼼지락 꼼지락 [사도 베드로의 설교]

성령의 충만함을 받은 베드로가 주님의 복음을 담대히 전하고 있네요.
이 그림에 숨겨진 십자가는 총 몇 개일까요? 찾아서 동그라미를 쳐봅시다.

45과 성령님이 임하셨어요

1. **성경본문** | 사도행전 2:1-13
2. **외울 말씀** | 그들이 다 성령의 충만함을 받고 성령이 말하게 하심을 따라 다른 언어들로 말하기를 시작하니라 (사도행전 2장 4절)
3. **리더들의 외침** | 성령님은 우리와 늘 함께 하신다!
4. **공과 주제** |
   1. 성령님이 임하시면 능력이 나타나요.
   2. 성부, 성자, 성령은 삼위일체 하나님이에요.
   3. 성령님은 숨결처럼 늘 우리와 함께 하시는 분이에요.

1. 속닥속닥 "하나님, 있잖아요"

하나님, 있잖아요! --

----

2. 성경이야기 들려주세요

아래 장면을 성경 이야기 들은 내용의 순서에 맞게 번호를 매겨 봅시다.

3. 말씀 살피기

1. 다음에서 제시하는 힌트를 보고 무엇을 말하고 있는지 써보세요.

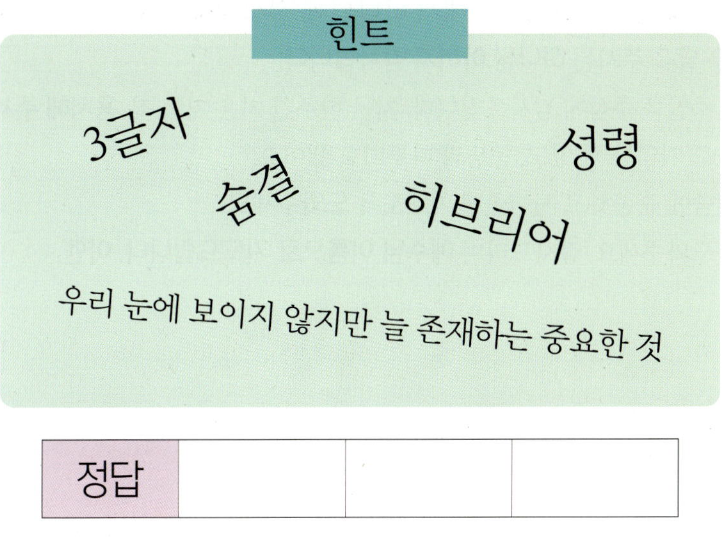

정답			

2. 아래의 그림은 성령충만한 우리들의 모습이에요. 근데 딱 한 명만 다른 행동을 하고 있네요. 아래의 그림에서 성령님과 함께하는 모습이 아닌 친구의 모습을 찾아보아요.

45. 꼼지락 꼼지락

[하나님께 기도문 작성하기]

아래 기도손의 내용 5가지가 꼭 들어가게 해서 하나님께 정성껏 기도문을 작성해 봅시다.

예) 우리에게 늘 새로운 날을 주시는 **하나님 아버지 감사합니다.**

오늘도 기쁘고 즐거운 주일을 주심에 감사드립니다. 지난 한주간 지은 저의 죄, **용서해 주세요.**

한주 동안 부모님 말씀도 거역한 적 있고, 동생과 다투기도 했어요.

앞으로는 늘 부모님 말씀에 순종하고 사이좋게 지내도록 **도와주세요.**

교회도 열심히 나오게 도와주세요. 감사드리며 **예수님 이름으로 기도드립니다. 아멘.**

46과 나사렛 예수 그리스도의 이름

1. **성경본문** | 사도행전 3:1-16

2. **외울 말씀** | 베드로가 이르되 은과 금은 내게 없거니와 내게 있는 이것을 네게 주노니 나사렛 예수 그리스도의 이름으로 일어나 걸으라 하고 (사도행전 3장 6절)

3. **리더들의 외침** | 나사렛 예수의 이름으로 일어나라!

4. **공과 주제** |

   1. 은과 금보다 더 귀한 것은, 능력의 예수 그리스도 이름이에요.
   2. 우리에게도 예수님의 이름으로 명할 수 있는 특권이 있어요.
   3. 기쁨으로 하나님을 찬양하는 모습을 가져요.

1. 속닥속닥 "하나님, 있잖아요"

하나님, 있잖아요! --

----

2. 성경이야기 들려주세요

아래 장면을 성경 이야기 들은 내용의 순서에 맞게 번호를 매겨 봅시다.

3. 말씀 살피기

1. 걷지 못하는 자는 성전에 들어가는 베드로와 요한을 보고 구걸했어요. 그러자 베드로가 걷지 못하는 자에게 한 말은 무엇인가요?

2. 우리가 믿는 예수님은 능력이 많으신 예수님이세요. 아래의 어려운 일들 중에서 나는 어떨 때 예수님을 부르고 의지할 수 있는지 동그라미 쳐보세요.

46. 꼼지락 꼼지락 [예수님을 찾아라! 빨리찾기 게임]

은과 금보다 귀한 나사렛 예수 그리스도의 이름을 찾는 게임을 해보아요.
'나사렛 예수'라는 이름 3줄을 가장 먼저 완성하는 사람이 승리!하는 게임입니다.

나	나	금	은	금
나	사	렛	예	수
은	렛	렛	은	금
은	예	금	예	은
금	수	은	금	수

[게임방법]

1. 상자 안에는 '나사렛 예수'라고 쓰여진 줄이 3개 숨겨져 있어요
2. 정해진 시간(3분)동안 '나사렛 예수'라는 이름이 쓰여진 줄을 찾아보세요
3. 가장 많은 줄을 찾은 친구가 승리!

47과 스데반 집사

1. **성경본문** | 사도행전 6:1-7:60

2. **외울 말씀** | 그들이 돌로 스데반을 치니 스데반이 부르짖어 이르되 주 예수여 내 영혼을 받으시옵소서 하고 무릎을 꿇고 크게 불러 이르되 주여 이 죄를 그들에게 돌리지 마옵소서 이 말을 하고 자니라 (사도행전 7장 59-60절)

3. **리더들의 외침** | 성령이 충만한 스데반을 본받자!

4. **공과 주제** |
   1. 은혜와 권능, 지혜와 성령이 충만한 스데반
   2. 마지막 순간에도 하나님께 기도를 드린 스데반
   3. 스데반을 본받고 기억해요.

1. 속닥속닥 "하나님, 있잖아요"

하나님, 있잖아요!

2. 성경이야기 들려주세요

아래 장면을 성경 이야기 들은 내용의 순서에 맞게 번호를 매겨 봅시다.

3. 말씀 살피기

1. 오늘 배운 말씀을 기억하며 스데반에 대한 올바른 설명을 아래의 상자에서 찾아보세요.

1. 장난이 심한 사람이었어요	2. 장난꾸러기였어요
3. 지혜와 성령이 충만했어요	4. 공부를 잘했어요
5. 사람들은 스데반을 좋아했어요	6. 하나님의 말씀을 전했어요
7. 게으른 사람이었어요	8. 최초의 순교자예요
9. 돌에 맞아 쓰러졌어요	10. 자신에게 돌을 던진 사람들을 미워했어요

2.아래의 점을 선으로 이어보면서 천사같은 스데반의 모습을 그려보아요.

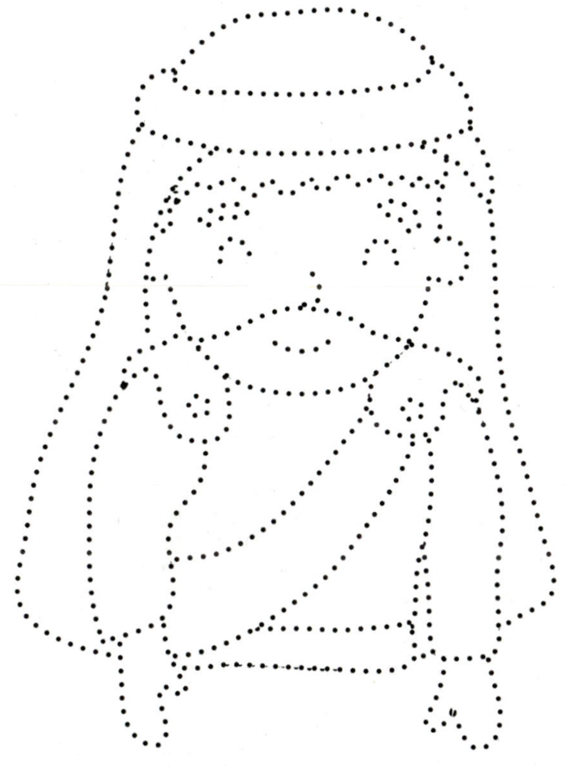

47. 꼼지락 꼼지락

[스데반 집사를 본받아요]

스데반 집사는 성령충만한 사람이었어요. 천사의 모습같았던 스데반 집사의 모습을 본받기 위해선 어떻게 해야 하는지 아래의 글씨를 따라 써보고 알아보아요.

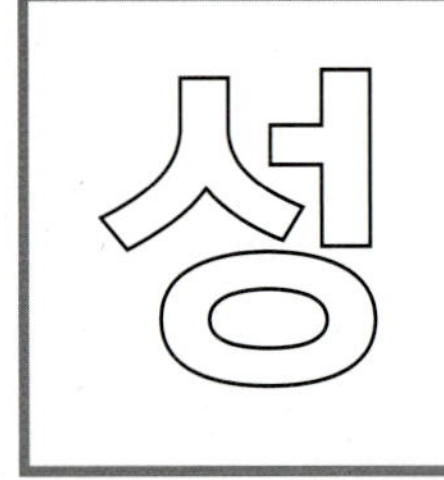

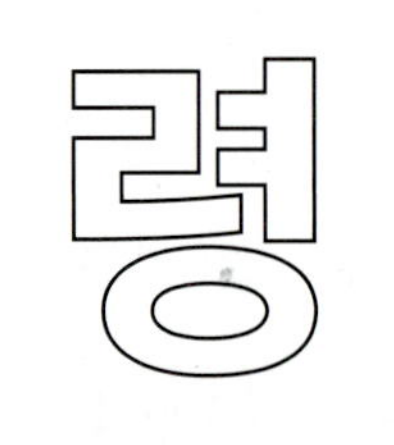

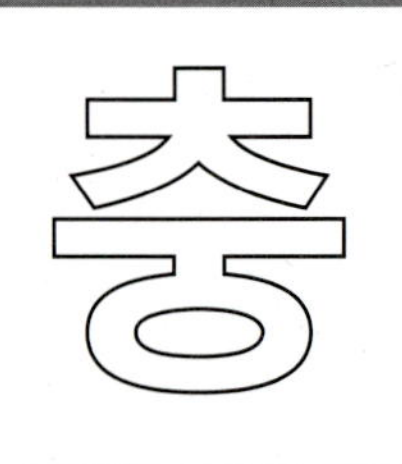

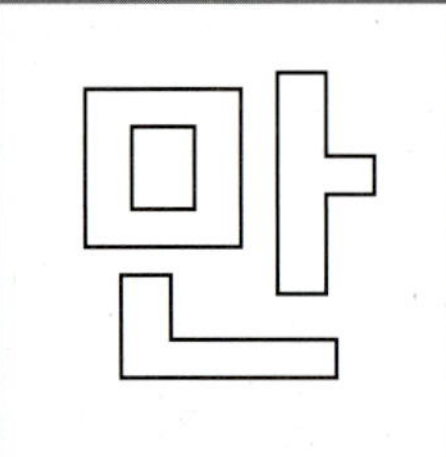

을

위해

해요.

48과 다메섹의 바울

1. **성경본문** | 사도행전 9:1-31

2. **외울 말씀** | 사울이 길을 가다가 다메섹에 가까이 이르더니 홀연히 하늘로부터 빛이 그를 둘러 비추는지라 (사도행전 9장 3절)

3. **리더들의 외침** | 예수님을 만나면 변화된다!

4. **공과 주제** |
   1. 예수님은 다메섹에서 바울을 만나주셨어요.
   2. 예수님을 만나기 전과 후의 바울
   3. 예수님의 택하신 그릇 바울
   4. 예수님과 바울의 만남

1. 속닥속닥 "하나님, 있잖아요"

하나님, 있잖아요! ______________________________

____

2. 성경이야기 들려주세요

아래 장면을 성경 이야기 들은 내용의 순서에 맞게 번호를 매겨 봅시다.

3. 말씀 살피기

1. 다음의 두 그림은 바울이 다메섹에서 예수님을 만난 사도행전 9장 3-5절을 묘사한 것입니다. 그림에서 서로 다른 3곳을 찾아 동그라미를 쳐보세요.

2. 예수님을 만나고 난 후에 변화된 바울의 모습을 그려보고 색칠해보아요.

48. 꼼지락 꼼지락 [눈 가리고 그림그리기 게임]

준비물: 눈가리개, 연필, 색연필

3일동안 앞을 보지 못했던 바울은 후에 예수님을 만나고 변화되었고 예수님을 전하는 사람이 되었어요. 우리가 눈을 가리고 다른 사람의 말만 들으며 그림을 그린다면 과연 그릴 수 있을까요?
친구들과 함께 눈 가리고 그림그리기 게임을 해보면서 아무것도 보이지 않지만 우리의 인도자되시는 예수님의 음성을 따라가는 어린이가 되어요.

49과 베드로를 도와준 천사

1. **성경본문** | 사도행전 12:1-24
2. **외울 말씀** | 이에 베드로는 옥에 갇혔고 교회는 그를 위하여 간절히 하나님께 기도하더라 (사도행전 12장 5절)
3. **리더들의 외침** | 우리 모두 함께 간절히 기도해요!
4. **공과 주제** |
   1. 베드로가 어려움을 당했을 때, 교회는 가장 먼저 하나님께 간절히 기도했어요.
   2. 누군가를 위해 기도했을 때 일어나는 놀라운 일
   3. 모든 상황에서 가장 먼저 기도를 드리자!

1. 속닥속닥 "하나님, 있잖아요"

하나님, 있잖아요! --

----

2. 성경이야기 들려주세요

아래 장면을 성경 이야기 들은 내용의 순서에 맞게 번호를 매겨 봅시다.

3. 말씀 살피기

1. 베드로는 어떻게 감옥에서 나갈 수 있었을까요? 다음의 보기에서 알맞은 것을 고르세요.

   1. 교회 사람들이 모여서 베드로를 위해 기도했습니다.
   2. 베드로가 몰래 감옥을 빠져나갔습니다.
   3. 주님은 천사를 베드로에게 보냈습니다.
   4. 천사는 감옥에 갇힌 베드로를 찾아가 감옥에서 인도해냈습니다.
   5. 감옥에 있던 사람들이 베드로를 놓아주었습니다.

2. 베드로를 위해 기도한 교회 사람들처럼 우리도 친구들을 위해 기도해보아요. 친구의 기도제목을 물어보고 아래의 칸에 적은 후 함께 기도하는 시간을 가져봅시다.

위의 라인을 자르고
기도하는 베드로를
오려서 뒷면에 붙여봅시다.

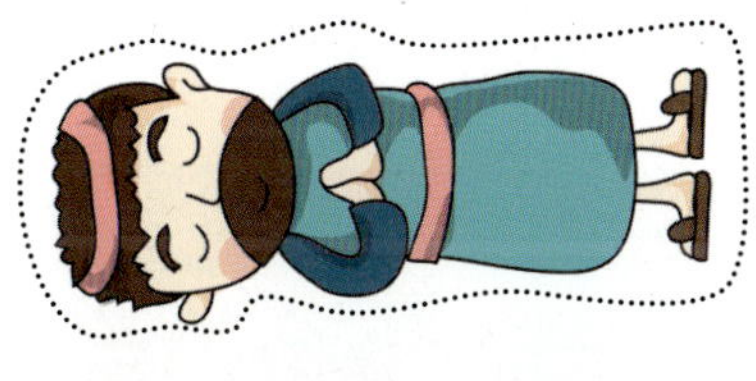

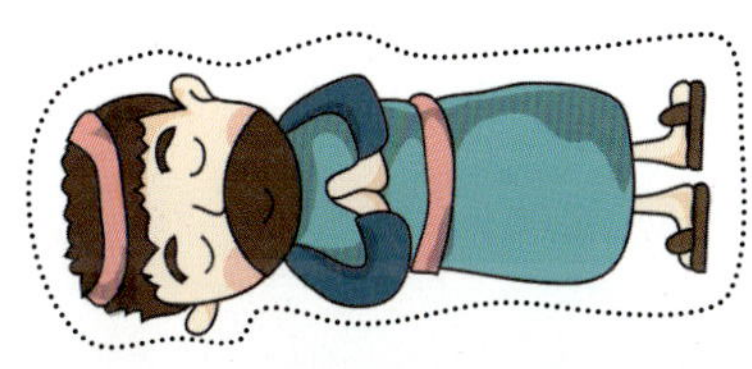

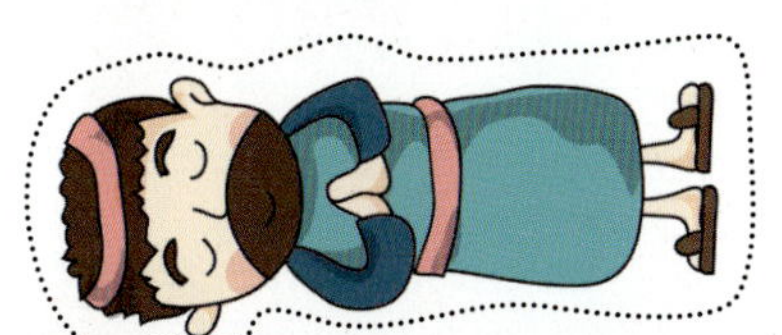

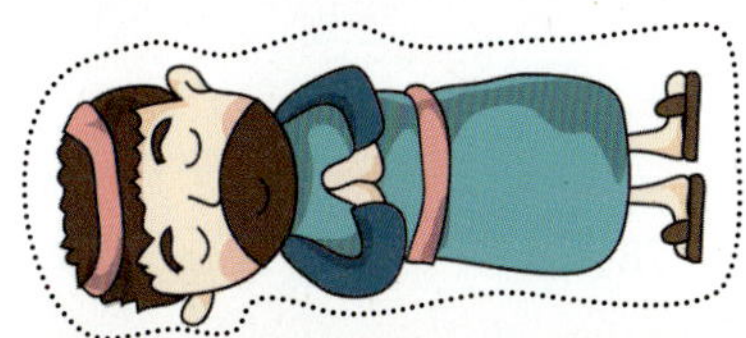

49. 꼼지락 꼼지락 [어떤 상황에서도 기도해요]

베드로는 감옥에서도 하나님께 기도했어요.
우리도 교회, 유치원, 내 방, 놀이터 등 어느 곳에 있든지 기도하는 어린이가 되기로 다짐하면서 기도하는 베드로의 모습을 예쁘게 오려 아래의 4가지 장소에 붙여보아요.

50과 바울과 바나바의 전도여행

1. **성경본문** | 사도행전 13:1-3, 44-52

2. **외울 말씀** | 주께서 이같이 우리에게 명하시되 내가 너를 이방의 빛으로 삼아 너로 땅 끝까지 구원하게 하리라 하셨느니라 하니 (사도행전 13장 47절)

3. **리더들의 외침** | 내가 받은 은혜를 전하자!

4. **공과 주제** |
   1. 성령께서 바울과 바나바를 따로 부르셨어요.
   2. 바울과 바나바는 성령의 인도하심 따라 전도여행을 시작했어요.
   3. 온 시민이 하나님의 말씀을 듣고자 하여 모였어요.
   4. 이방인들에게도 복음이 전해졌어요.

1. 속닥속닥 "하나님, 있잖아요"

하나님, 있잖아요! ____

____

2. 성경이야기 들려주세요

아래 장면을 성경 이야기 들은 내용의 순서에 맞게 번호를 매겨 봅시다.

3. 말씀 살피기

1. 힌트를 참고하여 상자의 빈칸을 채워보세요.

1. 바		바		성
울		둑		령
			학	
2. 안			교	3. 회
수				

<힌트>

1. 착하고 믿음과 성령이 충만한 사람은?
2. 선교활동을 후원한 이방인교회는?
3. 바울이 예수님을 만나 한 것은?

2. 선생님이 알려주시는 단어를 친구들과 귓속말로 전달하여 정답을 맞추는 귓속말게임을 해보아요.

[게임방법] 제한시간:2분

1. 두 팀을 나눕니다.
2. 친구들과 한 줄로 섭니다.
3. 선생님이 맨 앞에 친구에게 귓속말로 단어를 알려줍니다.
4. 앞에 선 친구에게 자신이 들은 단어를 귓속말로 전달합니다.
5. 맨 마지막에 선 친구가 큰소리로 정답을 외칩니다.
6. 선생님이 알려준 정답이 맞으면 성공!
7. 제한시간 안에 더 많은 정답을 외친 팀이 승리!

50. 꼼지락 꼼지락 [예수님을 전해요]

바울과 바나바처럼 우리도 예쁜 전도카드를 만들어 예수님을 전해보아요.

5과 바울과 실라의 전도여행

1. **성경본문** | 사도행전 16:16-40

2. **외울 말씀** | 이르되 주 예수를 믿으라 그리하면 너와 네 집이 구원을 받으리라 하고 (사도행전 16장 31절)

3. **리더들의 외침** | 영혼 구원을 위해 기적이 일어났어요!

4. **공과 주제** |
   1. 바울과 실라는 2차 전도여행을 하며 예수의 이름으로 능력을 행했어요.
   2. 바울과 실라는 옥에 갇혀서도 하나님을 찬송했어요.
   3. 옥문이 열리는 기적이 일어나 바울과 실라는 간수와 그의 가족을 전도했어요.

1. 속닥속닥 "하나님, 있잖아요"

하나님, 있잖아요! --

----

2. 성경이야기 들려주세요

아래 장면을 성경 이야기 들은 내용의 순서에 맞게 번호를 매겨 봅시다.

3. 말씀 살피기

1. 바울과 실라는 감옥에 갇혀 묶였다가 풀렸어요. 그들이 무엇을 한 후에 풀리게 되었을까요? 맞는 그림을 골라 ○를 치세요.

2. 아래의 말씀은 바울이 간수의 질문에 한 대답이에요.
아래의 성경구절을 따라 써보고 함께 읽어보아요.

이르되 주 예수를 믿으라 그리하면 너와 네 집이 구원을 받으리라 하고 (사도행전 16장 31절)

51. 꼼지락 꼼지락 [열쇠를 찾아라!]

감옥 안에는 우리가 찾아야 할 열쇠가 숨겨져 있어요.
친구들과 재미있게 열쇠를 찾아보아요.

찾아야 할 열쇠의 모양 →

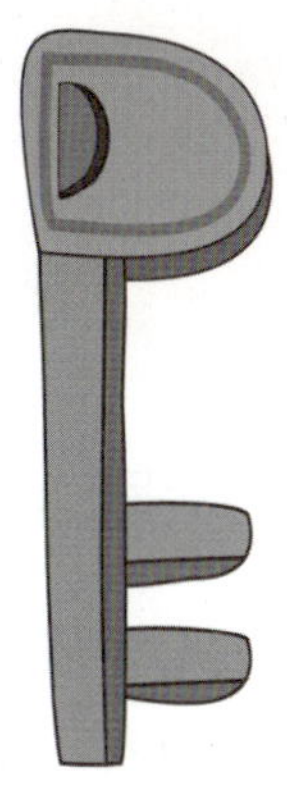

52과 알파와 오메가

1. **성경본문** | 요한계시록 1:1-8

2. **외울 말씀** | 주 하나님이 이르시되 나는 알파와 오메가라 이제도 있고 전에도 있었고 장차 올 자요 전능한 자라 하시더라 (요한계시록 1장 8절)

3. **리더들의 외침** | 알파와 오메가의 하나님을 기다려요

4. **공과 주제** |
   1. 요한은 하나님의 계시를 받아 기록을 남겼어요.
   2. 알파와 오메가의 하나님을 기다려요.

1. 속닥속닥 "하나님, 있잖아요"

하나님, 있잖아요! --

----

2. 성경이야기 들려주세요

아래 장면을 성경 이야기 들은 내용의 순서에 맞게 번호를 매겨 봅시다.

3. 말씀 살피기

1. 다음의 두 그림은 예수님께서 다시 오시는 모습입니다. 그런데 두 그림에는 틀린 곳이 있어요. 그곳을 찾아 동그라미를 쳐보고 틀린 이유를 적어보세요.

2. 아래의 빈칸에 알맞은 말을 써주세요.

주 하나님이 이르시되 나는 ○○와 ○○○라 이제 도 있고 전에도 있었고 장차 올 자요 전능한 자라 하시더라

52. 꼼지락 꼼지락 [예수님을 기다려요!]

예수님이 다시 오실 그날을 기다리면서 나는 어떻게 살 것인지 표시해보세요.

예수님이 다시오실 것을 항상 기억할 거예요

예배시간에 떠들며 장난칠 거예요

기도하며 예수님을 기다릴 거예요

나와 함께하시는 성령님을 의지할 거예요

하나님의 말씀을 읽을 거예요

매일 TV만 열심히 볼 거예요